The daily hang out GRATITUDE JOURNAL for kids

Blank Classic

Kids Gratitude Journal
119 numbered pages - 120 total pages
A5 (5.83 x 8.27)

Design © 2020 Blank Classics

Blank Classic

Mailing address:
Blank Classic
PO BOX 4608
Main Station Terminal
349 West Georgia Street
Vancouver, BC
Canada, V6B 4A1

Cover design by: A.R. Roumanis

ISBN: 978-1-77437-236-4

FIRST EDITION / FIRST PRINTING

MY NAME IS

____

MY BIRTHDAY IS

I AM ( ) YEARS OLD

MY FAVORITE:

ANIMAL _______________   FOOD _______________

COLOR _______________   BOOK _______________

SPORT _______________   PLACE _______________

MY FAMILY

WHEN I GROW UP
I WANT TO BE:

DATE: S   M   T   W   TH   F   S   __ / __ / __

TODAY I AM GRATEFUL FOR

I FEEL

THE BEST PART OF MY DAY WAS

THIS PERSON BROUGHT ME JOY TODAY:

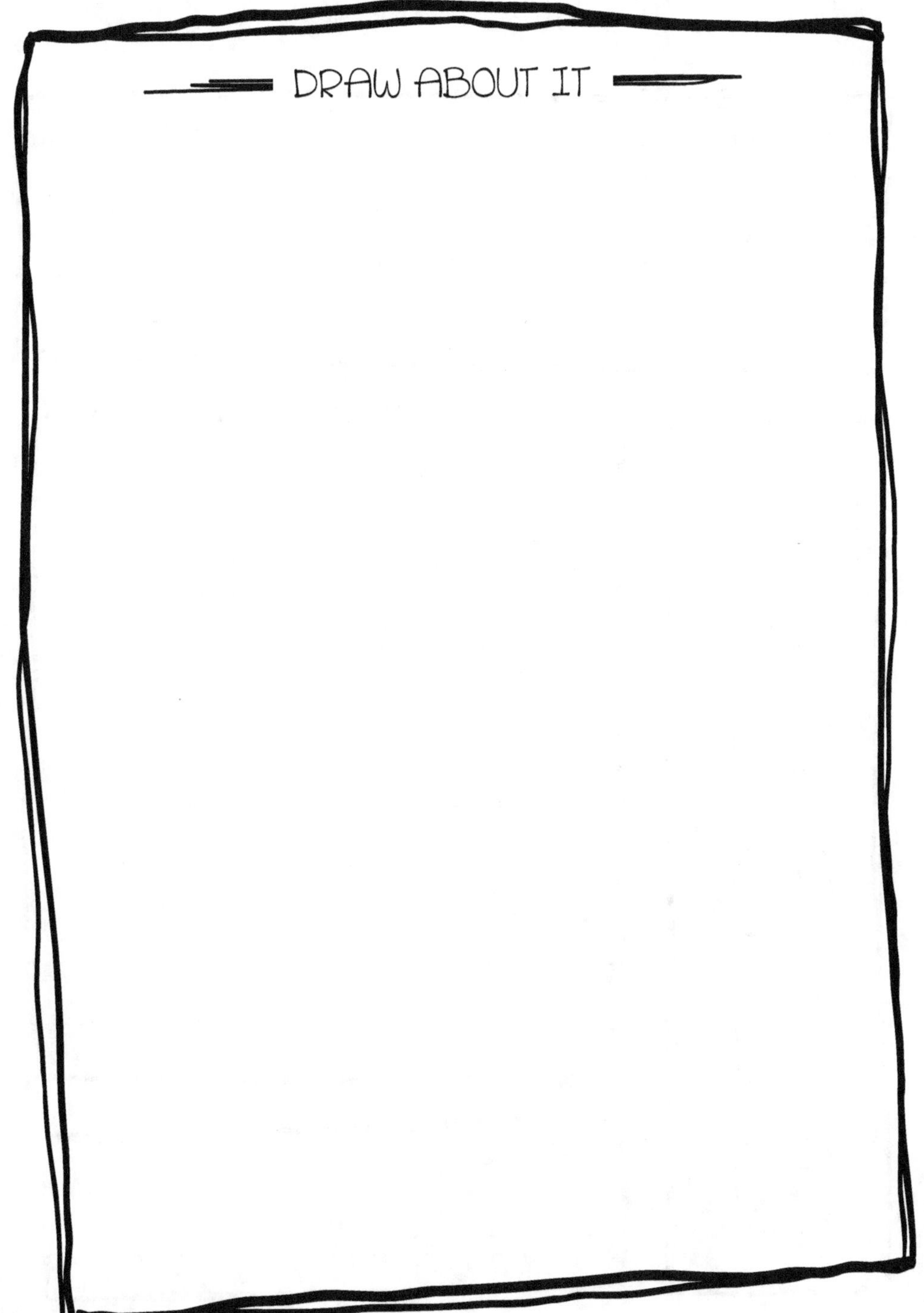

DRAW ABOUT IT

DATE: S M T W TH F S   __ / __ / __

TODAY I AM GRATEFUL FOR

I FEEL

THE BEST PART OF MY DAY WAS

THIS PERSON BROUGHT ME JOY TODAY:

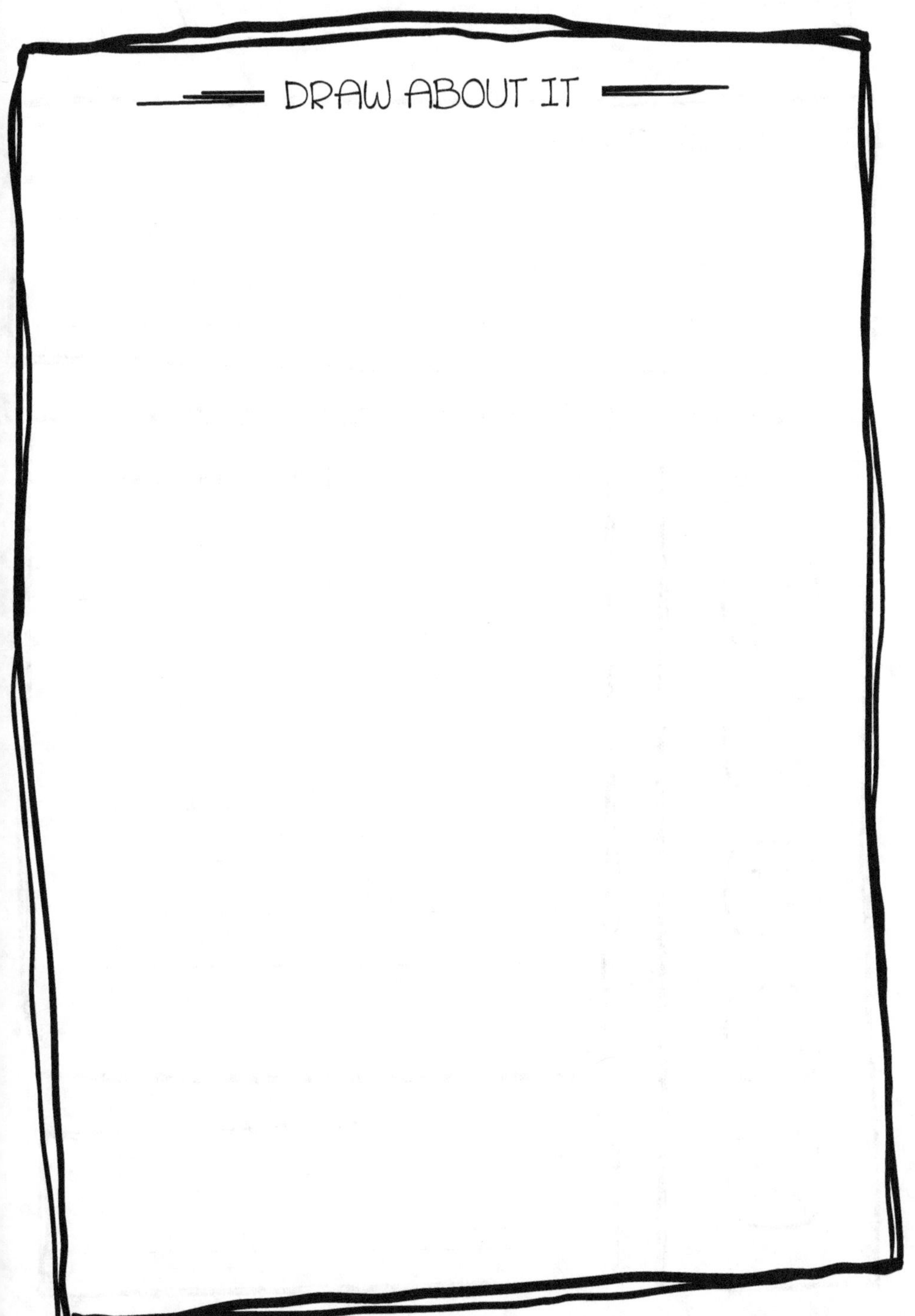

DRAW ABOUT IT

DATE: S M T W TH F S   __ / __ /__

TODAY I AM GRATEFUL FOR

____

____

____

I FEEL

THE BEST PART OF MY DAY WAS

____

____

____

____

____

____

____

____

____

____

THIS PERSON BROUGHT ME JOY TODAY:

____

DRAW ABOUT IT

DATE: S   M   T   W   TH   F   S   __ / __ / __

TODAY I AM GRATEFUL FOR

____

____

____

I FEEL

THE BEST PART OF MY DAY WAS

THIS PERSON BROUGHT ME JOY TODAY:

DRAW ABOUT IT

DATE: S M T W TH F S   __ / __ /__

TODAY I AM GRATEFUL FOR

I FEEL

THE BEST PART OF MY DAY WAS

THIS PERSON BROUGHT ME JOY TODAY:

DRAW ABOUT IT

DATE: S M T W TH F S __ / __ / __

TODAY I AM GRATEFUL FOR

____

____

____

I FEEL

THE BEST PART OF MY DAY WAS

____
____
____
____
____
____
____
____
____
____

THIS PERSON BROUGHT ME JOY TODAY:

____

DRAW ABOUT IT

DATE: S M T W TH F S __ / __ /__

TODAY I AM GRATEFUL FOR

I FEEL

THE BEST PART OF MY DAY WAS

THIS PERSON BROUGHT ME JOY TODAY:

DRAW ABOUT IT

DATE: S M T W TH F S __ / __ / __

TODAY I AM GRATEFUL FOR

I FEEL

THE BEST PART OF MY DAY WAS

THIS PERSON BROUGHT ME JOY TODAY:

DRAW ABOUT IT

DATE: S M T W TH F S   __ / __ /__

TODAY I AM GRATEFUL FOR

____

____

____

I FEEL

THE BEST PART OF MY DAY WAS

____

____

____

____

____

____

____

____

THIS PERSON BROUGHT ME JOY TODAY:

____

DRAW ABOUT IT

DATE: S M T W TH F S __ / __ / __

TODAY I AM GRATEFUL FOR

____

____

____

I FEEL

THE BEST PART OF MY DAY WAS

THIS PERSON BROUGHT ME JOY TODAY:

DRAW ABOUT IT

DATE: S M T W TH F S __/__/__

TODAY I AM GRATEFUL FOR

I FEEL

THE BEST PART OF MY DAY WAS

THIS PERSON BROUGHT ME JOY TODAY:

DRAW ABOUT IT

DATE: S   M   T   W   TH   F   S   __ / __ /__

TODAY I AM GRATEFUL FOR

____

____

____

I FEEL

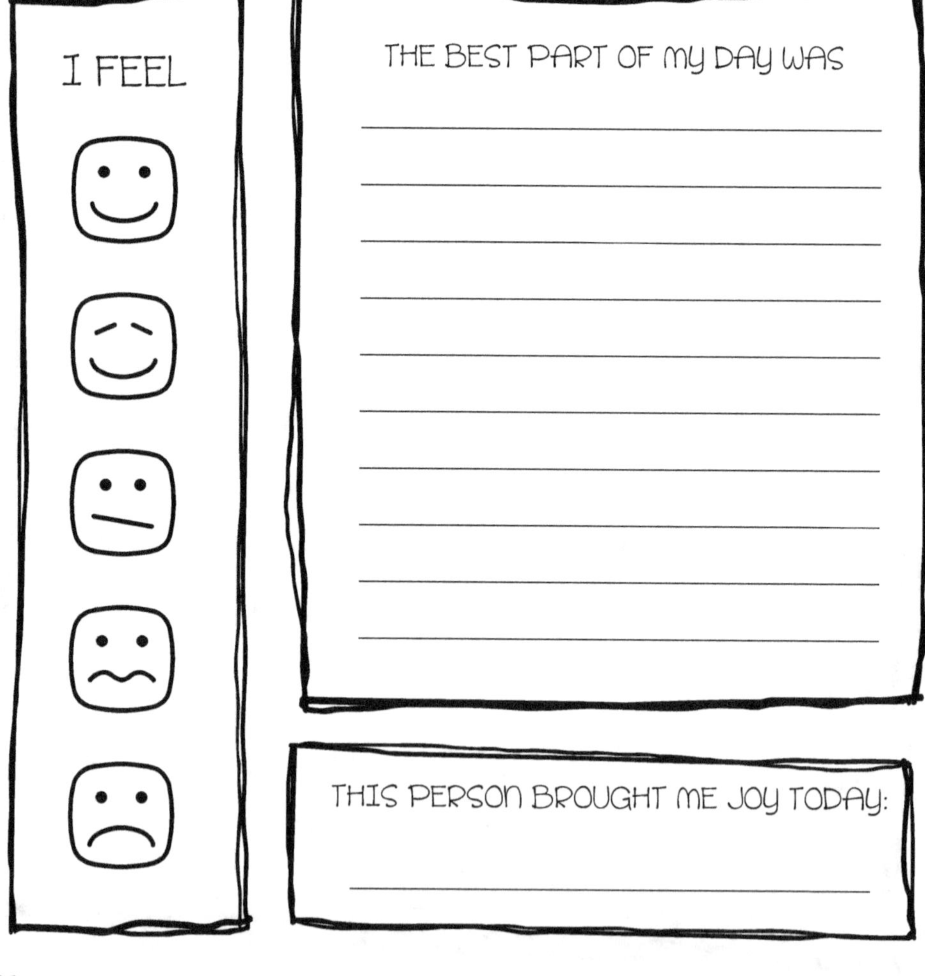

THE BEST PART OF MY DAY WAS

____

____

____

____

____

____

____

____

____

____

THIS PERSON BROUGHT ME JOY TODAY:

____

DRAW ABOUT IT

DATE: S M T W TH F S   __ / __ / __

TODAY I AM GRATEFUL FOR

I FEEL

THE BEST PART OF MY DAY WAS

THIS PERSON BROUGHT ME JOY TODAY:

DRAW ABOUT IT

DATE: S M T W TH F S __ / __ / __

TODAY I AM GRATEFUL FOR

____

____

____

I FEEL

THE BEST PART OF MY DAY WAS

____

____

____

____

____

____

____

THIS PERSON BROUGHT ME JOY TODAY:

____

DRAW ABOUT IT

DATE: S M T W TH F S __/__/__

TODAY I AM GRATEFUL FOR

____

____

____

I FEEL

THE BEST PART OF MY DAY WAS

____

____

____

____

____

____

____

____

____

THIS PERSON BROUGHT ME JOY TODAY:

____

DRAW ABOUT IT

DATE: S M T W TH F S __ / __ / __

TODAY I AM GRATEFUL FOR

I FEEL

THE BEST PART OF MY DAY WAS

THIS PERSON BROUGHT ME JOY TODAY:

DRAW ABOUT IT

DATE: S M T W TH F S ___ / ___ /___

TODAY I AM GRATEFUL FOR

____

____

____

I FEEL

THE BEST PART OF MY DAY WAS

____
____
____
____
____
____
____
____
____
____

THIS PERSON BROUGHT ME JOY TODAY:

____

DRAW ABOUT IT

DATE: S M T W TH F S   __ / __ / __

TODAY I AM GRATEFUL FOR

____

____

____

I FEEL

THE BEST PART OF MY DAY WAS

____

____

____

____

____

____

____

____

____

____

THIS PERSON BROUGHT ME JOY TODAY:

____

DRAW ABOUT IT

DATE: S M T W TH F S __ / __ /__

TODAY I AM GRATEFUL FOR

____

____

____

I FEEL

THE BEST PART OF MY DAY WAS

____

____

____

____

____

____

____

____

____

____

THIS PERSON BROUGHT ME JOY TODAY:

____

DRAW ABOUT IT

DATE: S M T W TH F S   __ / __ /__

TODAY I AM GRATEFUL FOR

I FEEL

THE BEST PART OF MY DAY WAS

THIS PERSON BROUGHT ME JOY TODAY:

DRAW ABOUT IT

DATE: S M T W TH F S ___ / ___ / ___

TODAY I AM GRATEFUL FOR

____

____

____

I FEEL

THE BEST PART OF MY DAY WAS

____

____

____

____

____

____

____

____

____

THIS PERSON BROUGHT ME JOY TODAY:

____

DRAW ABOUT IT

DATE: S M T W TH F S   __ / __ / __

TODAY I AM GRATEFUL FOR

I FEEL

THE BEST PART OF MY DAY WAS

THIS PERSON BROUGHT ME JOY TODAY:

DRAW ABOUT IT

DATE: S M T W TH F S __ / __ / __

TODAY I AM GRATEFUL FOR

____

____

____

I FEEL

THE BEST PART OF MY DAY WAS

____

____

____

____

____

____

____

____

THIS PERSON BROUGHT ME JOY TODAY:

____

DRAW ABOUT IT

DATE: S M T W TH F S   __ / __ /__

TODAY I AM GRATEFUL FOR

____

____

____

I FEEL

THE BEST PART OF MY DAY WAS

____

____

____

____

____

____

____

____

____

____

THIS PERSON BROUGHT ME JOY TODAY:

____

DRAW ABOUT IT

DATE: S M T W TH F S __ / __ /__

TODAY I AM GRATEFUL FOR

____

____

____

I FEEL

THE BEST PART OF MY DAY WAS

____

____

____

____

____

____

____

____

____

THIS PERSON BROUGHT ME JOY TODAY:

____

DRAW ABOUT IT

DATE: S M T W TH F S __ / __ / __

TODAY I AM GRATEFUL FOR

I FEEL

THE BEST PART OF MY DAY WAS

THIS PERSON BROUGHT ME JOY TODAY:

DRAW ABOUT IT

DATE: S M T W TH F S   __ / __ / __

TODAY I AM GRATEFUL FOR

____

____

____

I FEEL

THE BEST PART OF MY DAY WAS

____

____

____

____

____

____

____

____

____

____

THIS PERSON BROUGHT ME JOY TODAY:

____

DRAW ABOUT IT

DATE: S M T W TH F S __ / __ /__

TODAY I AM GRATEFUL FOR

____

____

____

I FEEL

THE BEST PART OF MY DAY WAS

____

____

____

____

____

____

____

____

____

____

THIS PERSON BROUGHT ME JOY TODAY:

____

DRAW ABOUT IT

DATE: S M T W TH F S ___ / ___ /___

TODAY I AM GRATEFUL FOR

I FEEL

THE BEST PART OF MY DAY WAS

THIS PERSON BROUGHT ME JOY TODAY:

DRAW ABOUT IT

DATE: S M T W TH F S ___/___/___

TODAY I AM GRATEFUL FOR

____

____

____

I FEEL

THE BEST PART OF MY DAY WAS

____

____

____

____

____

____

____

____

____

THIS PERSON BROUGHT ME JOY TODAY:

____

DRAW ABOUT IT

DATE: S M T W TH F S __ / __ /__

TODAY I AM GRATEFUL FOR

____

____

____

I FEEL

THE BEST PART OF MY DAY WAS

____

____

____

____

____

____

____

____

THIS PERSON BROUGHT ME JOY TODAY:

____

DRAW ABOUT IT

DATE: S M T W TH F S __ / __ / __

TODAY I AM GRATEFUL FOR

I FEEL

THE BEST PART OF MY DAY WAS

THIS PERSON BROUGHT ME JOY TODAY:

DRAW ABOUT IT

DATE: S M T W TH F S __/__/__

TODAY I AM GRATEFUL FOR

____

____

____

I FEEL

THE BEST PART OF MY DAY WAS

____

____

____

____

____

____

____

____

____

THIS PERSON BROUGHT ME JOY TODAY:

____

DRAW ABOUT IT

DATE: S M T W TH F S __/__/__

TODAY I AM GRATEFUL FOR

I FEEL

THE BEST PART OF MY DAY WAS

THIS PERSON BROUGHT ME JOY TODAY:

DRAW ABOUT IT

DATE: S M T W TH F S   __ / __ / __

TODAY I AM GRATEFUL FOR

____

____

____

I FEEL

THE BEST PART OF MY DAY WAS

____

____

____

____

____

____

____

____

____

THIS PERSON BROUGHT ME JOY TODAY:

____

DRAW ABOUT IT

DATE: S M T W TH F S ___ / ___ / ___

TODAY I AM GRATEFUL FOR

____

____

____

I FEEL

THE BEST PART OF MY DAY WAS

____

____

____

____

____

____

____

____

____

____

THIS PERSON BROUGHT ME JOY TODAY:

____

DRAW ABOUT IT

DATE: S M T W TH F S __ / __ /__

TODAY I AM GRATEFUL FOR

____

____

____

I FEEL

THE BEST PART OF MY DAY WAS

____

____

____

____

____

____

____

____

____

THIS PERSON BROUGHT ME JOY TODAY:

____

DRAW ABOUT IT

DATE: S M T W TH F S   __ / __ /__

TODAY I AM GRATEFUL FOR

I FEEL

THE BEST PART OF MY DAY WAS

THIS PERSON BROUGHT ME JOY TODAY:

DRAW ABOUT IT

DATE: S M T W TH F S __ / __ /__

TODAY I AM GRATEFUL FOR

____

____

____

I FEEL

THE BEST PART OF MY DAY WAS

____

____

____

____

____

____

____

____

THIS PERSON BROUGHT ME JOY TODAY:

____

DRAW ABOUT IT

DATE: S M T W TH F S   __ / __ / __

TODAY I AM GRATEFUL FOR

____

____

____

I FEEL

THE BEST PART OF MY DAY WAS

____

____

____

____

____

____

____

____

____

____

THIS PERSON BROUGHT ME JOY TODAY:

____

DRAW ABOUT IT

DATE: S M T W TH F S   __ / __ / __

TODAY I AM GRATEFUL FOR

I FEEL

THE BEST PART OF MY DAY WAS

THIS PERSON BROUGHT ME JOY TODAY:

DRAW ABOUT IT

DATE: S M T W TH F S   __ / __ / __

TODAY I AM GRATEFUL FOR

____

____

____

I FEEL

THE BEST PART OF MY DAY WAS

____

____

____

____

____

____

____

____

____

____

THIS PERSON BROUGHT ME JOY TODAY:

____

DRAW ABOUT IT

DATE: S M T W TH F S   __ / __ /__

TODAY I AM GRATEFUL FOR

I FEEL

THE BEST PART OF MY DAY WAS

THIS PERSON BROUGHT ME JOY TODAY:

DRAW ABOUT IT

DATE: S M T W TH F S __ / __ / __

TODAY I AM GRATEFUL FOR

____

____

____

I FEEL

THE BEST PART OF MY DAY WAS

____

____

____

____

____

____

____

____

____

THIS PERSON BROUGHT ME JOY TODAY:

____

DRAW ABOUT IT

DATE: S M T W TH F S ___ / ___ /___

TODAY I AM GRATEFUL FOR

I FEEL

THE BEST PART OF MY DAY WAS

THIS PERSON BROUGHT ME JOY TODAY:

DRAW ABOUT IT

DATE: S M T W TH F S   __ / __ / _

TODAY I AM GRATEFUL FOR

____

____

____

I FEEL

THE BEST PART OF MY DAY WAS

____

____

____

____

____

____

____

____

THIS PERSON BROUGHT ME JOY TODAY:

____

DRAW ABOUT IT

DATE: S M T W TH F S   __ / __ / __

TODAY I AM GRATEFUL FOR

I FEEL

THE BEST PART OF MY DAY WAS

THIS PERSON BROUGHT ME JOY TODAY:

DRAW ABOUT IT

DATE: S M T W TH F S   __ / __ /__

TODAY I AM GRATEFUL FOR

I FEEL

THE BEST PART OF MY DAY WAS

THIS PERSON BROUGHT ME JOY TODAY:

DRAW ABOUT IT

DATE: S M T W TH F S   __/__/__

TODAY I AM GRATEFUL FOR

I FEEL

THE BEST PART OF MY DAY WAS

THIS PERSON BROUGHT ME JOY TODAY:

DRAW ABOUT IT

DATE: S   M   T   W   TH   F   S   __ / __ / __

TODAY I AM GRATEFUL FOR

____

____

____

I FEEL

THE BEST PART OF MY DAY WAS

____

____

____

____

____

____

____

____

____

THIS PERSON BROUGHT ME JOY TODAY:

____

DRAW ABOUT IT

DATE: S M T W TH F S   __ / __ / __

TODAY I AM GRATEFUL FOR

____

____

____

I FEEL

THE BEST PART OF MY DAY WAS

____

____

____

____

____

____

____

____

____

THIS PERSON BROUGHT ME JOY TODAY:

____

DRAW ABOUT IT

DATE: S M T W TH F S __ / __ / __

TODAY I AM GRATEFUL FOR

____

____

____

I FEEL

THE BEST PART OF MY DAY WAS

____

____

____

____

____

____

____

____

____

THIS PERSON BROUGHT ME JOY TODAY:

____

DRAW ABOUT IT

DATE: S M T W TH F S ___/___/___

TODAY I AM GRATEFUL FOR

I FEEL

THE BEST PART OF MY DAY WAS

THIS PERSON BROUGHT ME JOY TODAY:

DRAW ABOUT IT

TODAY I AM GRATEFUL FOR

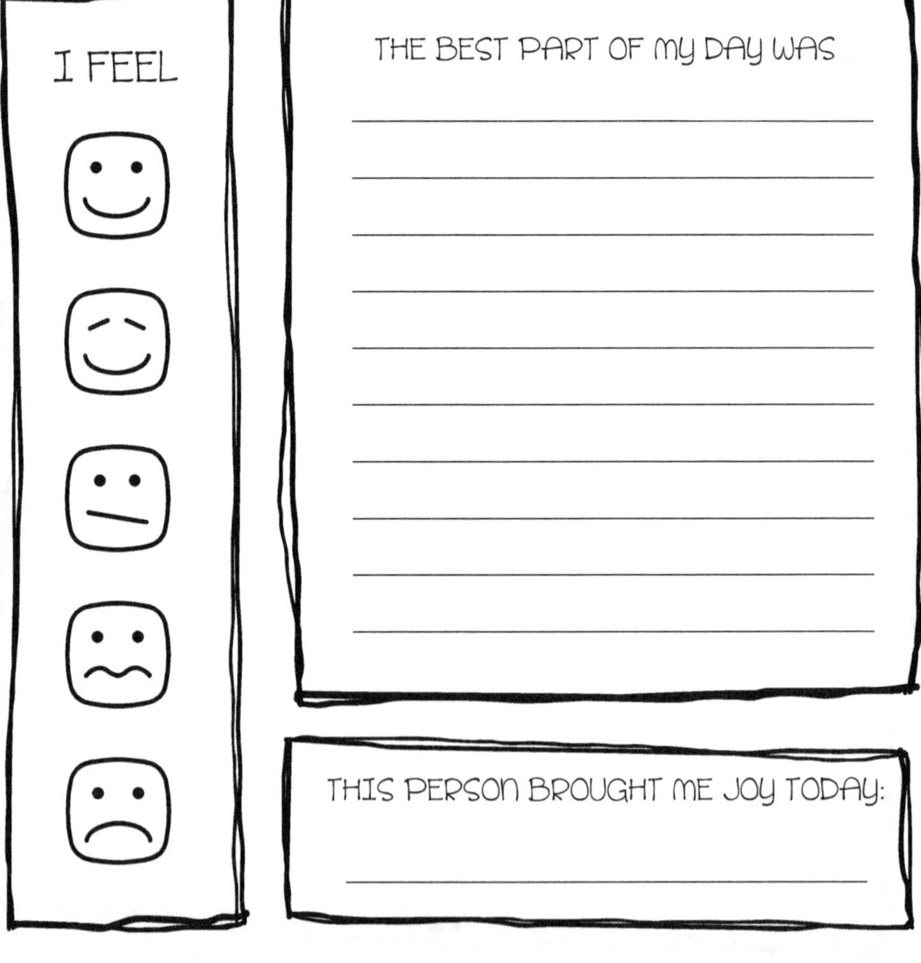

DATE: S M T W TH F S __ / __ / __

TODAY I AM GRATEFUL FOR

I FEEL

THE BEST PART OF MY DAY WAS

THIS PERSON BROUGHT ME JOY TODAY:

DRAW ABOUT IT
DRAW ABOUT IT

DATE: S M T W TH F S   __ / __ / __

TODAY I AM GRATEFUL FOR

____

____

____

I FEEL

THE BEST PART OF MY DAY WAS

____

____

____

____

____

____

____

____

____

THIS PERSON BROUGHT ME JOY TODAY:

____

DRAW ABOUT IT

DATE: S M T W TH F S __ / __ / __

TODAY I AM GRATEFUL FOR

I FEEL

THE BEST PART OF MY DAY WAS

THIS PERSON BROUGHT ME JOY TODAY:

DRAW ABOUT IT

DATE: S M T W TH F S __/__/__

TODAY I AM GRATEFUL FOR

I FEEL

THE BEST PART OF MY DAY WAS

THIS PERSON BROUGHT ME JOY TODAY:

DRAW ABOUT IT